AF175759

Impressum
Verlag: BABADADA GmbH, Nedderfeld 112 , 22529 Hamburg
Geschäftsführer / Verlagsleitung: Harald Hof
Druck: Books on Demand GmbH, In de Tarpen 42, 22848 Norderstedt

Imprint
Publisher: BABADADA GmbH, Nedderfeld 112 , 22529 Hamburg, Germany
Managing Director / Publishing direction: Harald Hof
Print: Books on Demand GmbH, In de Tarpen 42, 22848 Norderstedt, Germany

sekolah
Szkoła

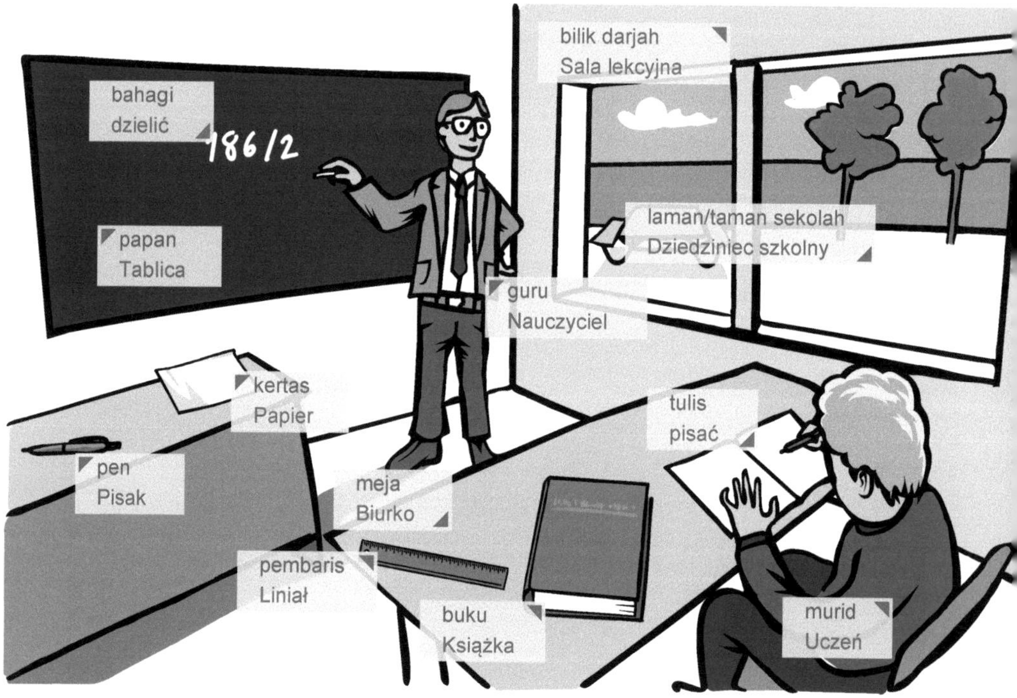

bilik darjah
Sala lekcyjna
bahagi
dzielić
186/2
papan
Tablica
laman/taman sekolah
Dziedziniec szkolny
guru
Nauczyciel
kertas
Papier
tulis
pisać
pen
Pisak
meja
Biurko
pembaris
Liniał
buku
Książka
murid
Uczeń

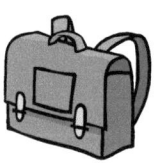

beg galas
Plecak szkolny

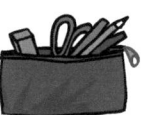

kotak pensel
Piórnik

pensel
Ołówek

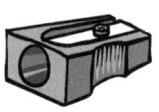

pengasah pensel
Temperówka

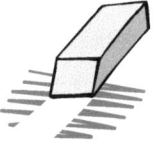

pemadam
Gumka do mazania

kertas lukisan
Blok rysunkowy

melukis

Rysunek

berus lukis

Pędzel

kotak warna

Pudełko z akwarelami

gunting

Nożyce

gam

Klej

buku latlhan

Książka do ćwiczenia

kerja rumah

Zadanie domowe

12

nombor

Liczba

2+2

tambah

dodawać

5-2

tolak

odejmować

2×2

darab

mnożyć

kira

liczyć

huruf

Litera

ABCDEFG HIJKLMN OPQRSTU VWXYZ

abjad

Alfabet

kata

Słowo

teks

Tekst

baca

czytać

kapur

Kreda

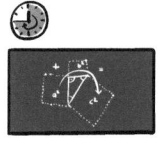

pelajaran

Godzina

daftar

Dziennik lekcyjny

peperiksaan

Egzamin

sijil

Świadectwo

uniform sekolah

Mundurek szkolny

pendidikan

Wykształcenie

ensiklopedia

Leksykon

universiti

Uniwersytet

mikroskop

Mikroskop

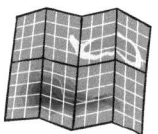

peta

Mapa

bakul sampah

Kosz na odpadki

berjalan
Podróż

hotel
Hotel
Grand
asrama
Schronisko
ROOMS
CHANGE
pejabat tukaran mata wang
Kantor wymiany walut
beg pakaian
Walizka
kereta
Auto

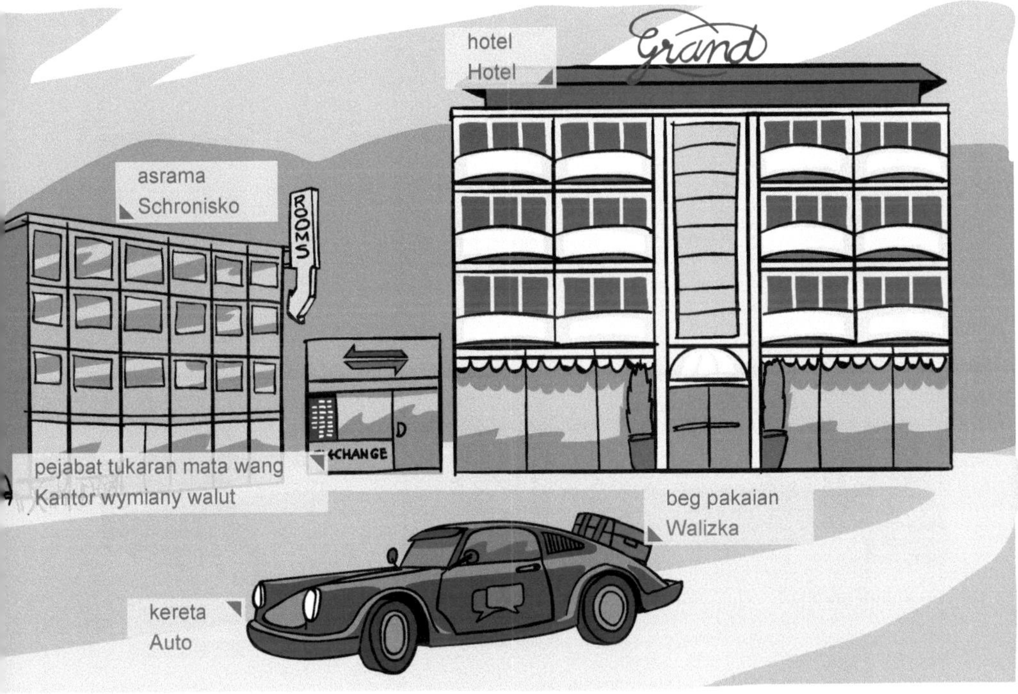

bahasa

Język

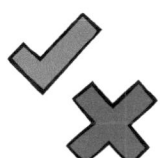

ya / tidak

tak / nie

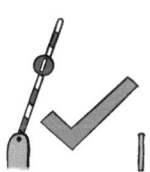

okey

OK

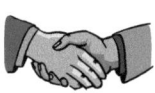

helo

Halo

penterjemah

Tłumacz

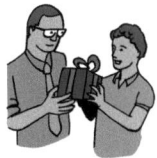

Terima kasih

Dziękuję

berapa banyak...?

Ile kosztuje ...?

saya tidak faham

Nie rozumiem

masalah

Problem

Selamat petang!

Dobry wieczór!

Selamat Pagi!

Dzień dobry!

Selamat Malam!

Dobranoc!

selamat tinggal

Do widzenia

arah

Kierunek

bagasi

Bagaż

beg

Torba

beg galas

Plecak

tetamu

Gość

bilik tidur

Pokój

beg tidur

Śpiwór

khemah

Namiot

berjalan - Podróż

maklumat pelancong

Informacja turystyczna

pantai

Plaża

kad kredit

Karta kredytowa

sarapan

Śniadanie

makan tengah hari

Obiad

makan malam

Kolacja

tiket

Bilet

lif

Winda

setem

Znaczek na list

sempadan

Granica

kastam

Cło

kedutaan

Ambasada

visa

Wiza

pasport

Paszport

pengangkutan
Transport

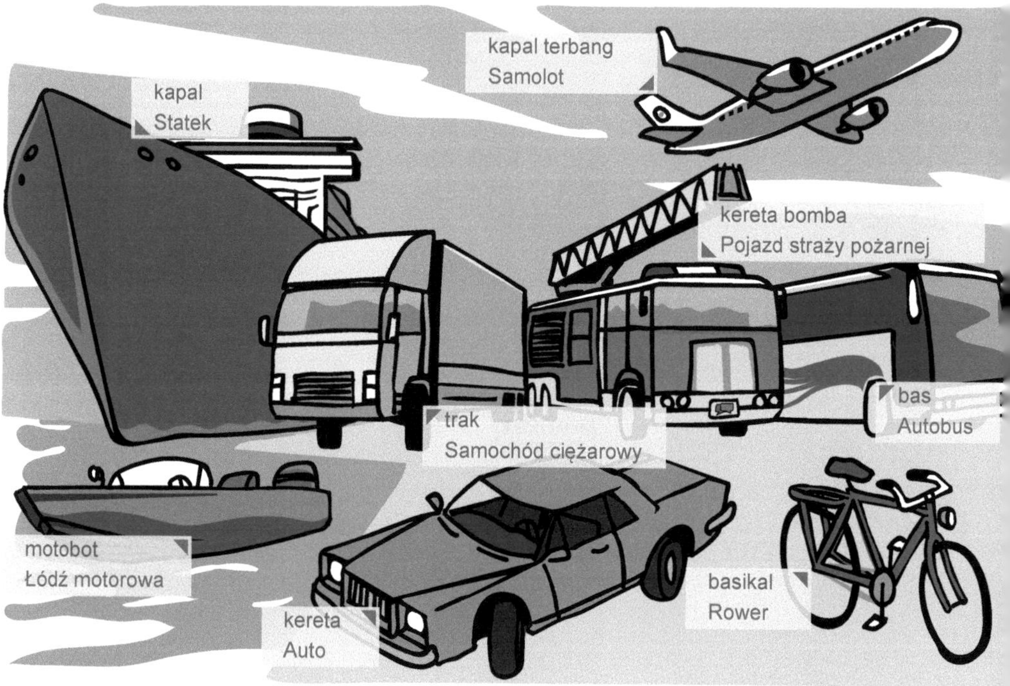

kapal terbang
Samolot
kapal
Statek
kereta bomba
Pojazd straży pożarnej
trak
Samochód ciężarowy
bas
Autobus
motobot
Łódź motorowa
basikal
Rower
kereta
Auto

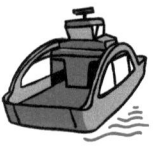

feri

Prom

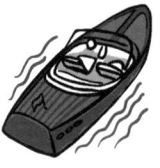

bot

Łódź

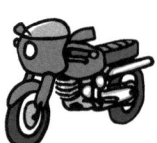

motosikal

Motocykl

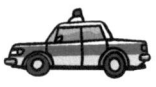

kereta polis

Radiowóz policyjny

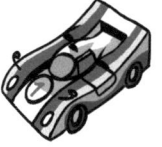

kereta lumba

Samochód wyścigowy

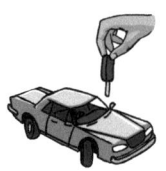

kereta sewa

Samochód wypożyczony

berkongsi kereta

Wspólne przejazdy
samochodem

trak tunda

Samochód pomocy
drogowej

trak menolak

Śmieciarka

motor

Silnik

bahan apı

Benzyna

stesen mınyak

Stacja benzynowa

tanda trafik

Znak drogowy

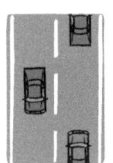

trafik

Ruch

kesesakan lalu lintas

Korek

tempat parkir

Parking

stesen kereta api

Dworzec

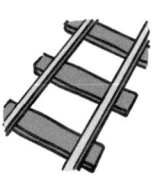

trek

Szyny

kereta api

Pociąg

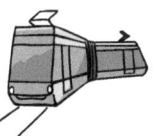

trem

Tramwaj

gerabak

Wagon

helikopter

Helikopter

lapangan terbang

Lotnisko

Menara

Wieża

penumpang

Pasażer

bekas

Kontener

kadbod

Karton

kart

Taczka

bakul

Kosz

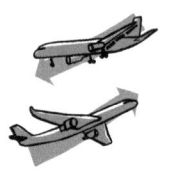

berlepas / mendarat

startować / lądować

bandar

Miasto

kampung

Wieś

pusat bandar

Centrum miasta

rumah

Dom

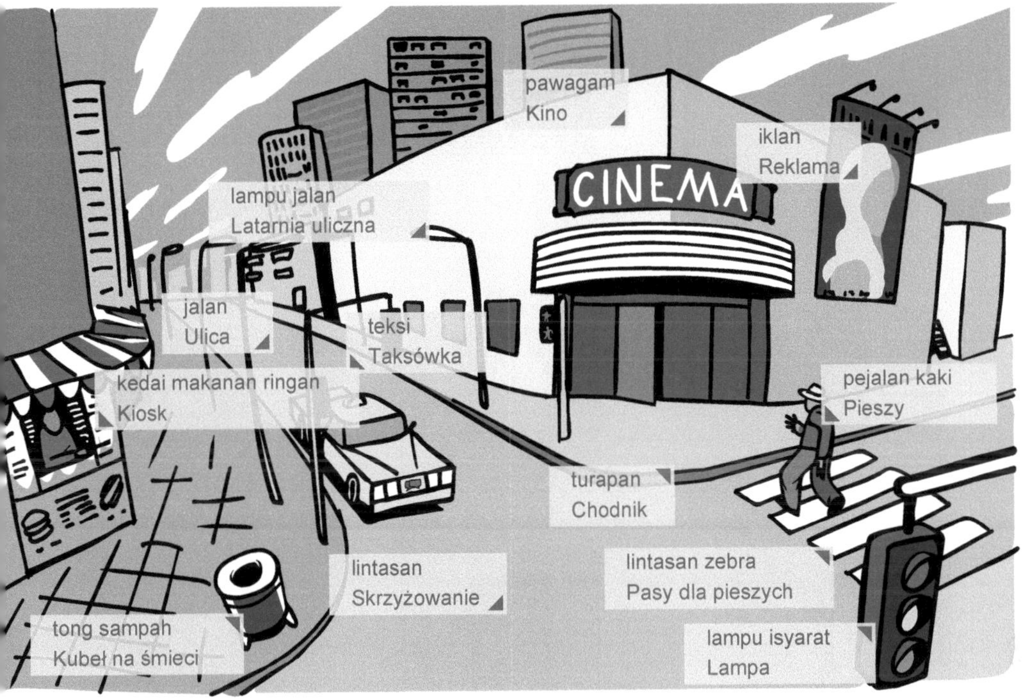

CINEMA
pawagam
Kino
iklan
Reklama
lampu jalan
Latarnia uliczna
jalan
Ulica
teksi
Taksówka
kedai makanan ringan
Kiosk
pejalan kaki
Pieszy
turapan
Chodnik
lintasan
Skrzyżowanie
lintasan zebra
Pasy dla pieszych
tong sampah
Kubeł na śmieci
lampu isyarat
Lampa

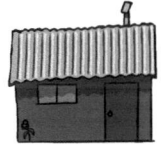

pondok

Chata

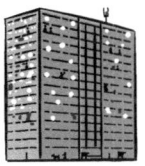

flat

Mieszkanie

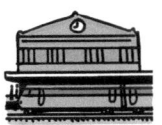

stesen kereta api

Dworzec

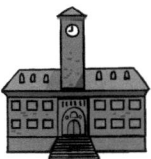

dewan bandar

Ratusz

MUSEUM

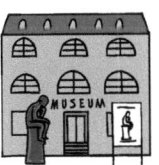

muzium

Muzeum

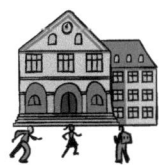

sekolah

Szkoła

universiti

Uniwersytet

bank

Bank

hospital

Szpital

hotel

Hotel

farmasi

Apteka

pejabat

Biuro

kedai buku

Księgarnia

kedai

Sklep

kedai bunga

Kwiaciarnia

pasar raya

Supermarket

pasaran

Rynek

gedung

Dom towarowy

penjual ikan

Sklep z rybami

pusat membeli-belah

Centrum handlowe

pelabuhan

Port

taman
Park

bangku
Ławka

jambatan
Most

tangga
Schody

bawah tanah
Metro

terowong
Tunel

hentian bas
Przystanek autobusowy

bar
Bar

restoran
Restauracja

peti surat
Skrzynka na listy

papan tanda jalan
Tabliczka z nazwą ulicy

meter parkir
Parkometr

zoo
Zoo

kolam renang
Łaźnia

masjid
Meczet

ladang
Gospodarstwo chłopskie

pencemaran
Zanieczyszczenie
środowiska

tanah perkuburan
Cmentarz

gereja
Kościół

taman permainan
Plac zabaw

kuil
Świątynia

landskap
Krajobraz

daun
Liść

tiang tanda
Drogowskaz

jalan
Droga

padang rumput
Łąka

batu
Kamień

pejalan kaki
Wędrowiec

pokok
Drzewo

sungai
Rzeka

rumput
Trawa

bunga
Kwiat

lembah
....
Dolina

bukit
....
Góra

tasik
....
Jezioro

hutan
....
Las

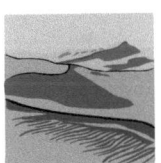

padang pasir
....
Pustynia

gunung berapı
....
Wulkan

istana
....
Zamek

pelangi
....
Tęcza

cendawan
....
Grzyb

pokok kelapa sawit
....
Palma

nyamuk
....
Komar

terbang
....
Mucha

semut
....
Mrówka

lebah
....
Pszczoła

labah-labah
....
Pająk

kumbang

Chrząszcz

katak

Żaba

tupai

Wiewiórka

landak

Jeż

arnab

Zając

burung hantu

Sowa

burung

Ptak

angsa

Łabędź

babi jantan

Dzik

rusa

Jeleń

moose

Łoś

empangan

Tama

turbin angin

Wiatrak

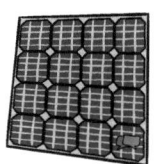

panel solar

Moduł solarny

iklim

Klimat

restoran
Restauracja

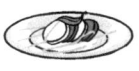

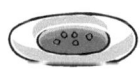

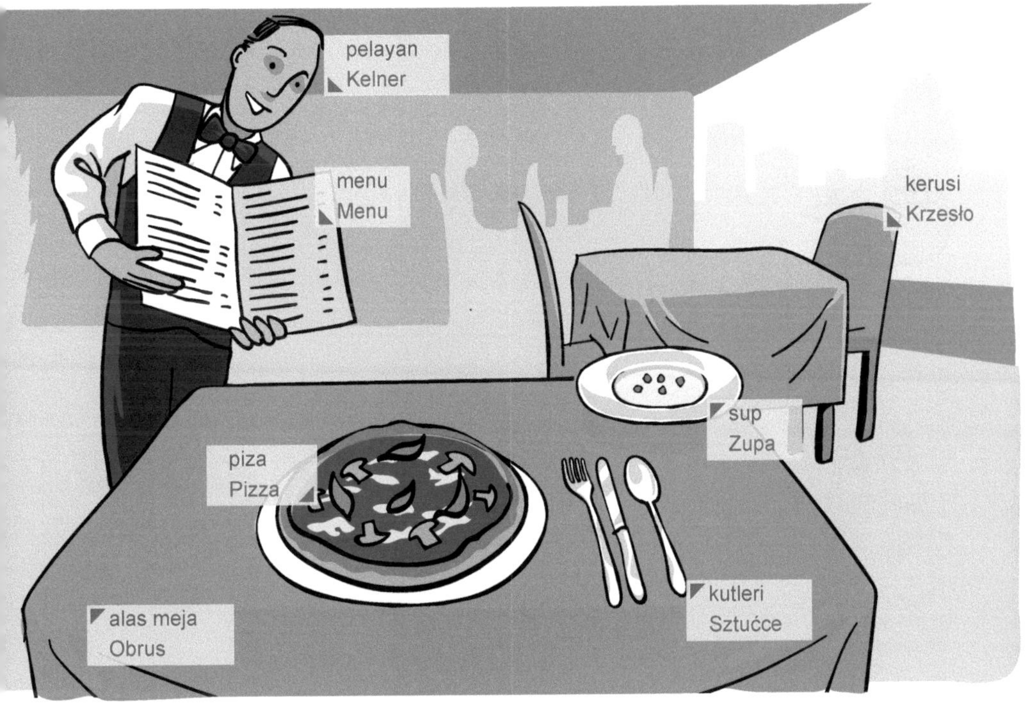
pelayan
Kelner
menu
Menu
kerusi
Krzesło
sup
Zupa
piza
Pizza
kutleri
Sztućce
alas meja
Obrus

pemula
Przystawka

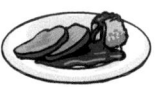

hidangan utama
Danie główne

pencuci mulut
Deser

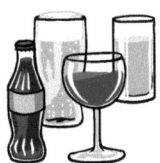

minuman
Napoje

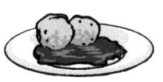

makanan
Jedzenie

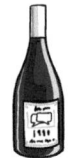

botol
Butelka

makanan segera
....
Fastfood

makanan jalanan
....
Streetfood

teko
....
Dzbanek na herbatę

mangkuk gula
....
Cukierniczka

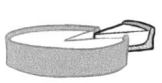

bahagian
....
Porcja

mesin espreso
....
Zaparzarka do espresso

kerusi tinggi
....
Krzesło dla dziecka

bil
....
Rachunek

dulang
....
Taca

pisau
....
Nóż

garfu
....
Widelec

sudu
....
Łyżka

sudu teh
....
Łyżeczka

serviette
....
Serwetka

gelas
....
Szklanka

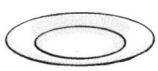

pinggan

Talerz

mangkuk sup

Talerz do zupy

piring

Podstawek pod filiżankę

sos

Sos

tempat garam

Solniczka

pengisar lada

Młynek do pieprzu

cuka

Ocet

minyak

Olej

rempah

Przyprawy

sos

Keczup

mustard

Musztarda

mayones

Majonez

pasar raya
Supermarket

tawaran istimewa
Oferta
pelanggan
Klient
tenusu
Produkty mleczne
buah-buahan
Owoce
troli
Wózek sklepowy
FOR

BUTCHERS

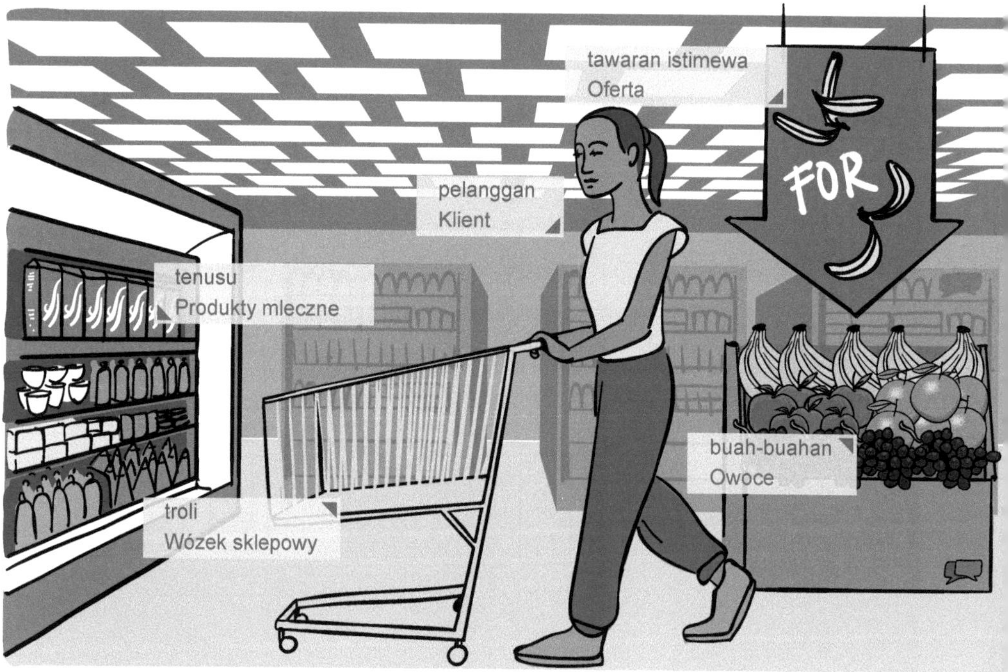

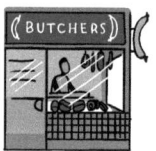

tukang daging

Rzeźnia

BAKERY

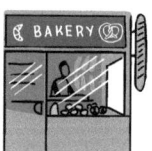

kedai roti

Piekarnia

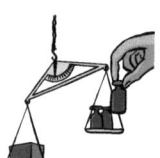

berat

ważyć

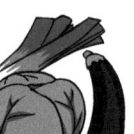

sayur-sayuran

Warzywa

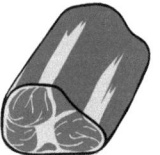

daging

Mięso

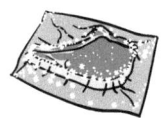

makanan sejuk beku

Mrożonki

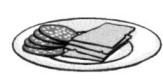

daging sejuk

Wędliny

makanan dalam tin

Konserwy

serbuk pencuci

Proszek m do prania

gula-gula

Słodycze

produk isi rumah

Artykuły użytku domowego

produk pembersihan

Środek czyszczący

orang jualan

Sprzedawczyni

daftar tunai

Kasa

juruwang

Kasjer

senarai membeli-belah

Lista zakupów

waktu pembukaan

Godziny otwarcia

beg duit

Portfel

kad kredit

Karta kredytowa

beg

Torba

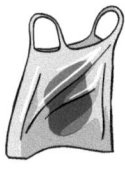

beg plastik

Torebka plastikowa

air
Woda

jus
Sok

susu
Mleko

kola
Cola

wain
Wino

bir
Piwo

alkohol
Alkohol

koko
Kakao

the
Herbata

kopi
Kawa

espreso
Espresso

kapucino
Cappuccino

pisang

Banan

epal

Jabłko

oren

Pomarańcza

tembikai

Arbuz

lemon

Cytryna

lobak merah

Marchew

bawang putih

Czosnek

buluh

Bambus

bawang

Cebula

cendawan

Grzyb

kacang

Orzechy

mi

Makaron

spageti
....
Spaghetti

nasi
....
Ryż

salad
....
Sałatka

kerepek
....
Frytki

kentang goreng
....
Ziemniaki pieczone

piza
....
Pizza

hamburger
....
Hamburger

sandwic
....
Kanapka

kutlet
....
Sznycel

ham
....
Szynka

salami
....
Salami

sosej
....
Kiełbasa

ayam
....
Kura

panggang
....
Pieczeń

ikan
....
Ryba

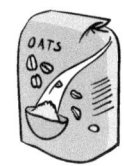

bubur oat

Płatki owsiane

muesli

Musli

emping jagung

Płatki kukurydziane

tepung

Mąka

kroisan

Croissant

rotı roll

Bułka

roti

Chleb

roti bakar

Toast

biskut

Ciastka

menteqa

Masło

dadih

Twarożek

kek

Ciasto

telur

Jajko

telur goreng

Jajko sadzone

keju

Ser

ais krim

Lody

gula

Cukier

madu

Miód

jem

Marmolada

krim nougat

Krem nugatowy

kari

Curry

ladang

Gospodarstwo chłopskie

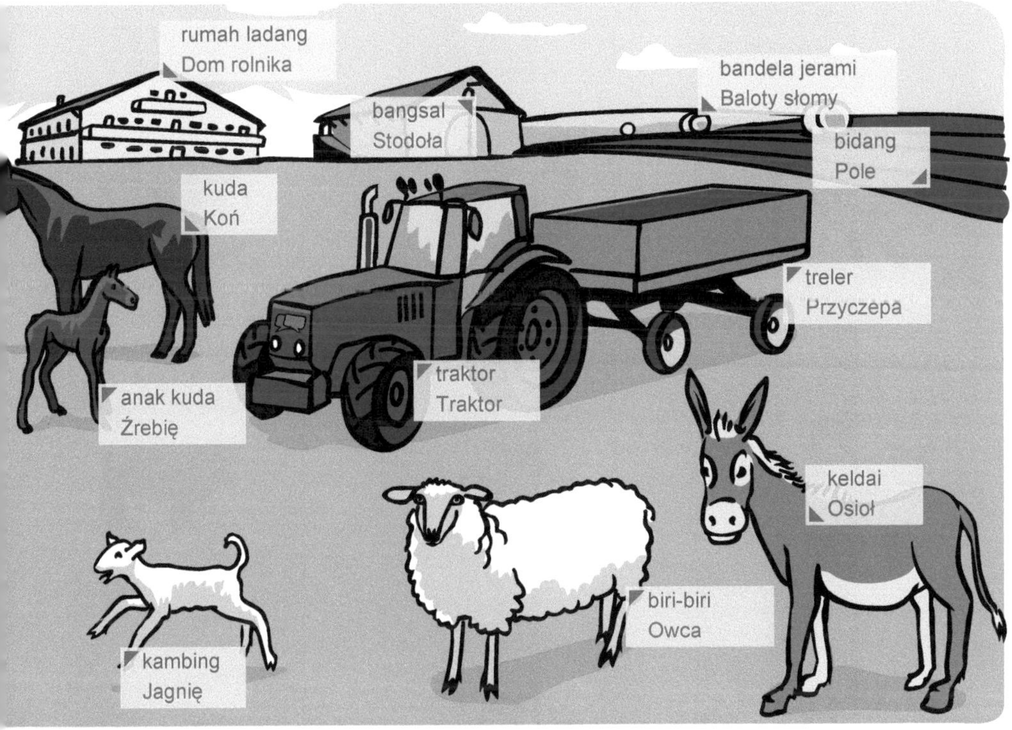
rumah ladang
Dom rolnika
bandela jerami
Baloty słomy
bangsal
Stodoła
bidang
Pole
kuda
Koń
treler
Przyczepa
traktor
Traktor
anak kuda
Źrebię
keldai
Osioł
biri-biri
Owca
kambing
Jagnię

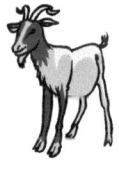

kambing

Koza

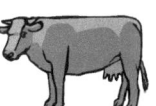

lembu

Krowa

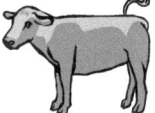

anak lembu

Cielę

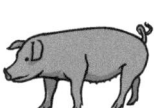

babi

Świnia

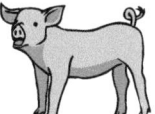

anak babi

Prosię

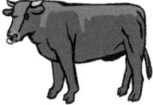

lembu

Byk

angsa

Gęś

itik

Kaczka

anak ayam

Kurczątko

ayam betina

Kura

ayam jantan muda

Kogut

tikus

Szczur

kucing

Kot

tikus

Mysz

lembu jantan

Osioł

anjing

Pies

rumah anjing

Buda dla psa

hos taman

Wąż ogrodowy

bekas siraman

Konewka

sabit

Kosa

bajak

Pług

sabit

Sierp

cangkul

Graca

serampang peladang

Widły

kapak

Siekiera

kereta sorong

Taczka

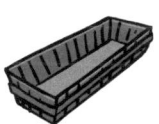

palung

Koryto

tin susu

Kanka na mleko

karung

Worek

pagar

Płot

stabil

Stajnia

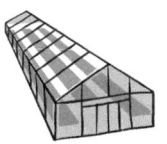

rumah hijau

Szklarnia

tanah

Ziemia

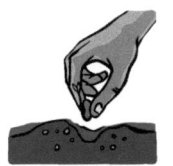

benih

Nasiona

baja

Nawóz

jentuai

Kombajn zbożowy

tuai

zbierać

menuai

Żniwa

keladi

Podchrzyn

gandum

Pszenica

soya

Soja

kentang

Ziemniak

jagung

Kukurydza

biji sawi

Rzepak

pokok buah-buahan

Drzewo owocowe

ubi kayu

Maniok

bijirin

Zboże

rumah
Dom

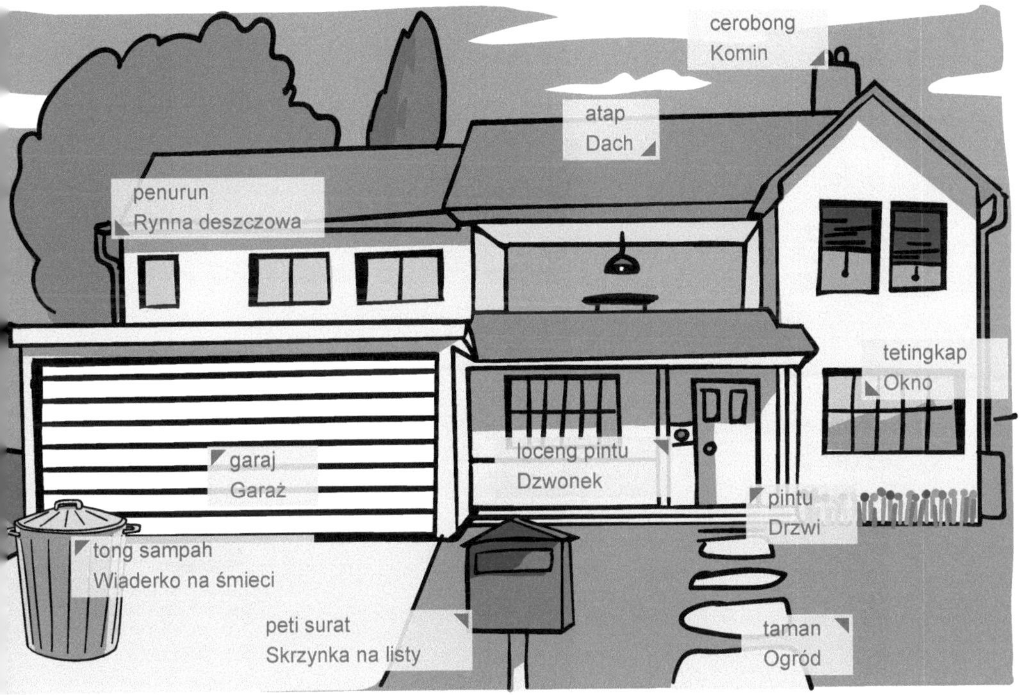
cerobong
Komin
atap
Dach
penurun
Rynna deszczowa
tetingkap
Okno
loceng pintu
Dzwonek
garaj
Garaż
pintu
Drzwi
tong sampah
Wiaderko na śmieci
peti surat
Skrzynka na listy
taman
Ogród

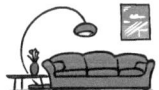

ruang tamu

Pokój dzienny

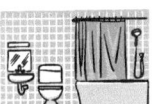

bilik air

Łazienka

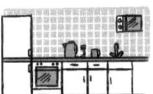

dapur

Kuchnia

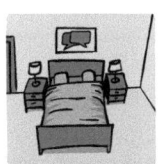

bilik tidur

Sypialnia

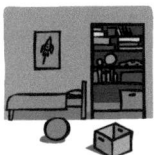

bilik kanak-kanak

Pokój dziecięcy

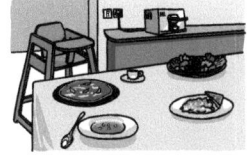

ruang makan

Jadalnia

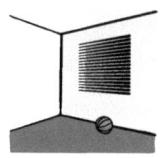

lantai

Ziemia

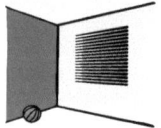

dinding

Ściana

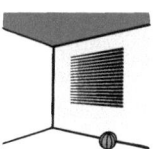

siling

Koc

bilik bawah tanah

Piwnica

sauna

Sauna

balkoni

Balkon

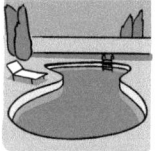

teres

Taras

kolam renang

Basen

pemotong rumput

Kosiarka do trawy

lembaran

Poszwa

penutup tilam

Kołdra

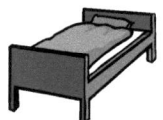

katil

Łóżko

penyapu

Miotła

timba

Wiadro

suis

Włącznik

ruang tamu
Pokój dzienny

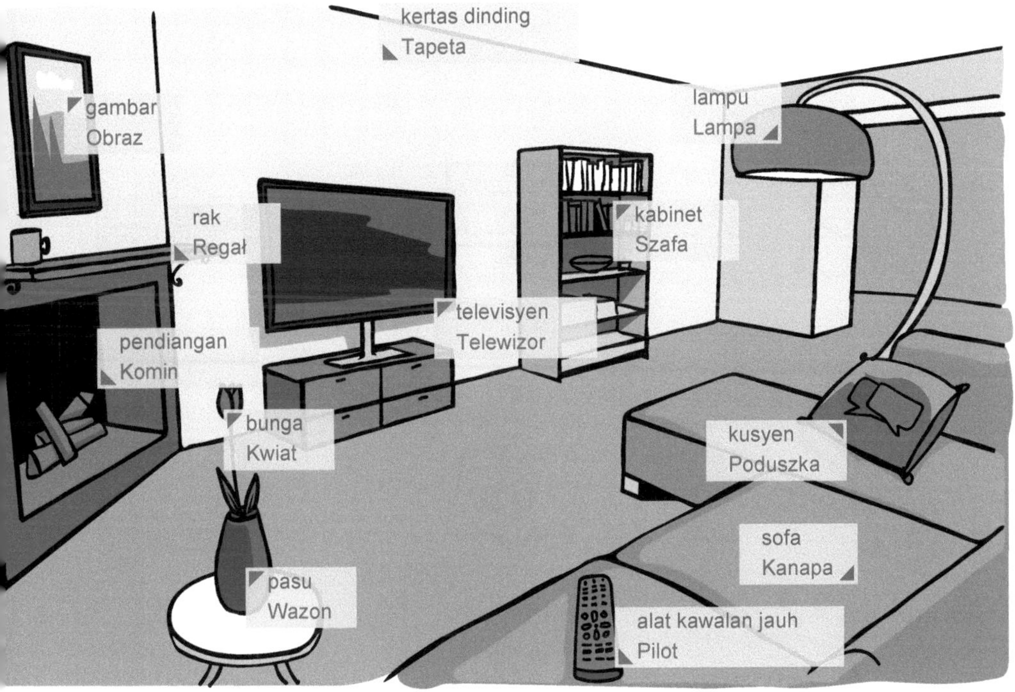
kertas dinding
Tapeta
gambar
Obraz
lampu
Lampa
rak
Regał
kabinet
Szafa
televisyen
Telewizor
pendiangan
Komin
bunga
Kwiat
kusyen
Poduszka
sofa
Kanapa
pasu
Wazon
alat kawalan jauh
Pilot

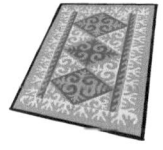

permaidani

Dywan

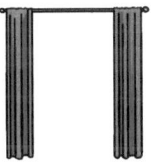

tirai

Zasłona

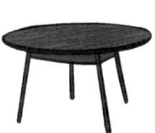

meja

Stół

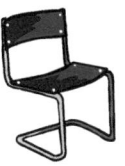

kerusi

Krzesło

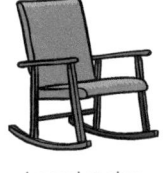

kerusi malas

Bujak

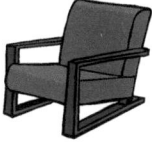

kerusi

Fotel

buku

Książka

selimut

Sufit

hiasan

Dekoracja

kayu api

Drewno kominkowe

filem

Film

hi-fi

Instalacja stereo

kunci

Klucz

akhbar

Gazeta

lukisan

Malunek

poster

Plakat

radio

Radio

buku catatan

Notatnik

penyedut habuk

Odkurzacz

kaktus

Kaktus

lilin

Świeczka

dapur
Kuchnia

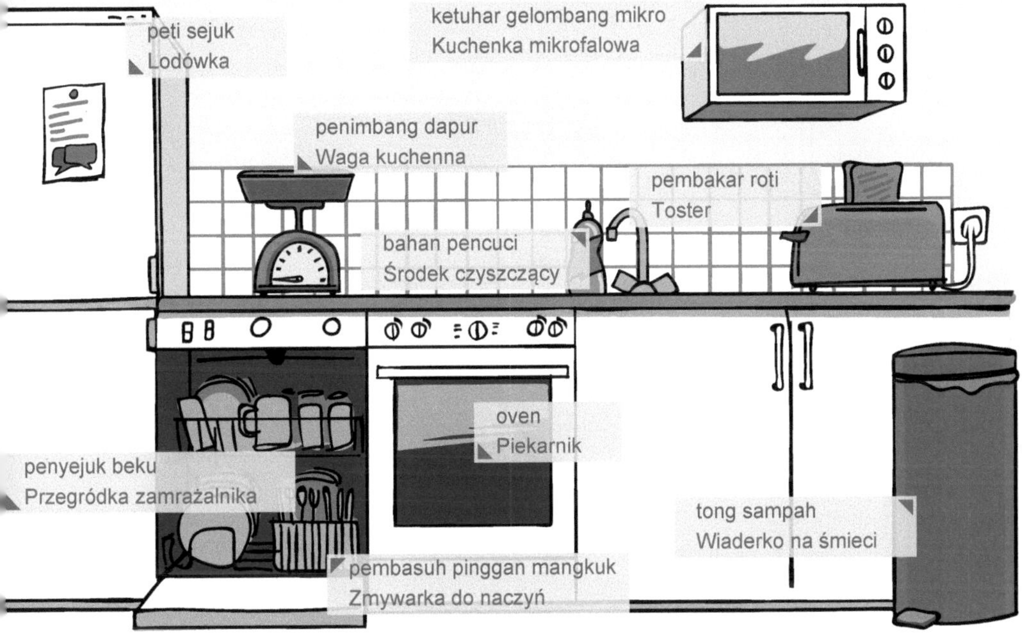

peti sejuk
Lodówka
ketuhar gelombang mikro
Kuchenka mikrofalowa
penimbang dapur
Waga kuchenna
pembakar roti
Toster
bahan pencuci
Środek czyszczący
oven
Piekarnik
penyejuk beku
Przegródka zamrażalnika
tong sampah
Wiaderko na śmieci
pembasuh pinggan mangkuk
Zmywarka do naczyń

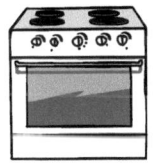

periuk dapur

Kuchenka

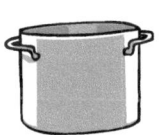

periuk

Garnek

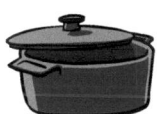

periuk besi

Kocioł żeliwny

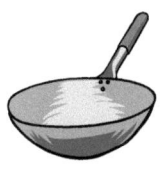

kuali

Wok / Kadai

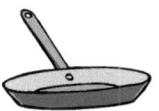

pan

Patelnia

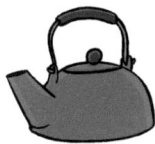

cerek

Czajnik

pengukus

Parowar

dulang pembakar

Blacha do pieczenia

pinggan mangkuk

Naczynia kuchenne

koleh

Kubek

mangkuk

Miska

penyepit

Pałeczki

senduk

Nabierka

spatula

Łopatka do smażenia

pengadun

Trzepaczka do śmietany

penapis

Cedzak

ayak

Sitko

pemarut

Tarka

mortar

Moździerz

barbeku

Grillowanie

pembakaran terbuka

Palenisko

papan pencincang

Deska

pin golekan

Wałek do ciasta

skru gabus

Korkociąg

tin

Puszka

pembuka tin

Otwieracz do puszek

pemegang periuk

Ściereczka do trzymania garnka

sinki

Umywalka

berus

Szczotka

span

Gąbka

pengisar

Mikser

penyejuk beku

Zamrażarka

botol bayi

Butelka dla niemowlęcia

paip

Kran

bilik air
Łazienka

pemanasan
Ogrzewanie
mandi
Prysznic
tuala
Ręcznik
tirai mandi
Kotara prysznicowa
mandi buih
Płyn do kąpieli
tab mandi
Wanna kąpielowa
gelas
Szklanka
mesin basuh
Pralka
paip
Kran
jubin
Kafelki
tandas
Nocnik
sinki
Umywalka

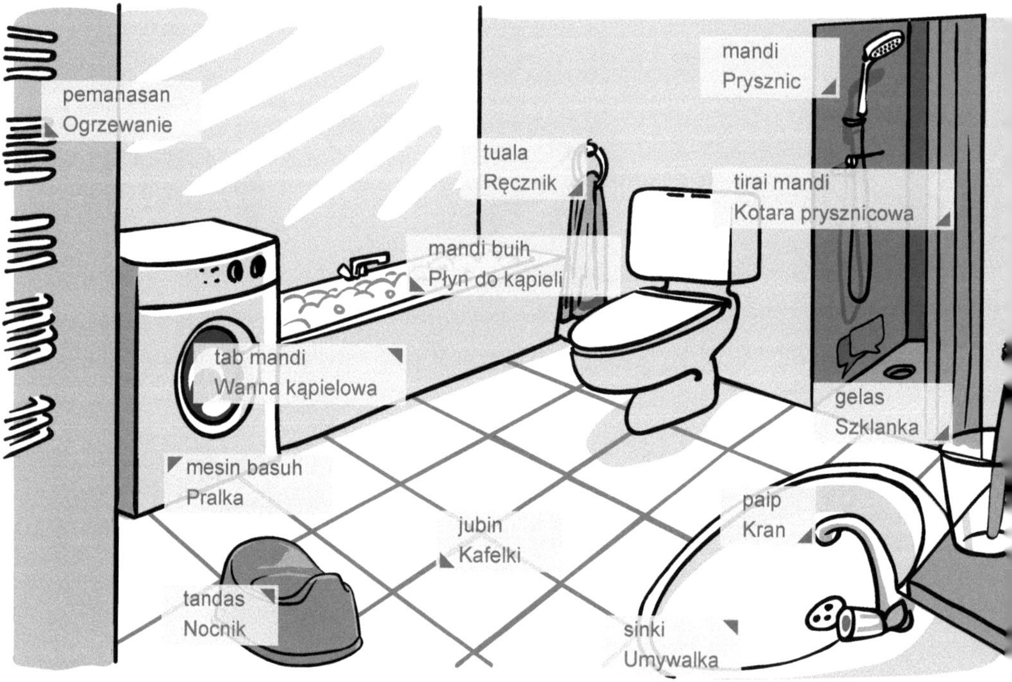

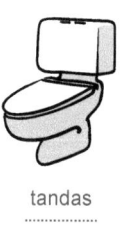

tandas

Toaleta

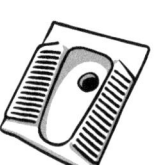

tandas mencangkung

Toaleta kuczna

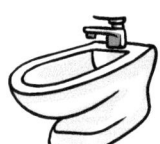

mangkuk tandas

Bidet

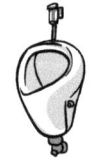

tandas awam

Pisuar

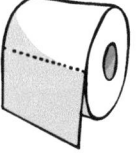

kertas tandas

Papier toaletowy

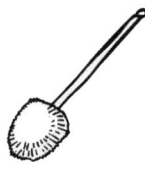

berus tandas

Szczotka toaletowa

berus gigi

Szczoteczka do zębów

ubat gigi

Pasta do zębów

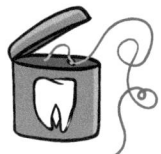

flos gigi

Nitki do czyszczenia zębów

cuci

myć

mandian tangan

Głowica prysznicowa

pancuran

Płyn kąpielowy do higieny intymnej

besen

Miska do mycia

belakang berus

Szczotka kąpielowa

sabun

Mydło

gel mandian

Żel prysznicowy

syampu

Szampon

flanel

Rękawica kąpielowa

longkang

Odpływ

krim

Krem

deodoran

Dezodorant

cermin

Lustro

cermin tangan

Lustro kosmetyczne

pisau cukur

Golarka

busa cukur

Pianka do golenia

selepas cukur

Woda po goleniu

sikat

Grzebień

berus

Szczotka

pengering rambut

Suszarka do włosów

semburan rambut

Spray do włosów

mekap

Makijaż

gincu

Pomadka

varnis kuku

Lakier do paznokci

bulu kapas

Wata

gunting kuku

Nożyczki do paznokci

pewangi

Perfum

beg basuhan

Kosmetyczka

bangku

Taboret

skala berat

Waga

jubah mandi

Szlafrok kąpielowy

sarung tangan getah

Rękawice gumowe

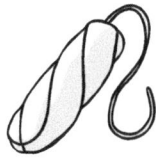

kapas

Tampon

tuala wanita

Podpaska damska

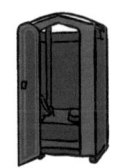

tandas kimia

Toaleta chemiczna

bilik kanak-kanak
Pokój dziecięcy

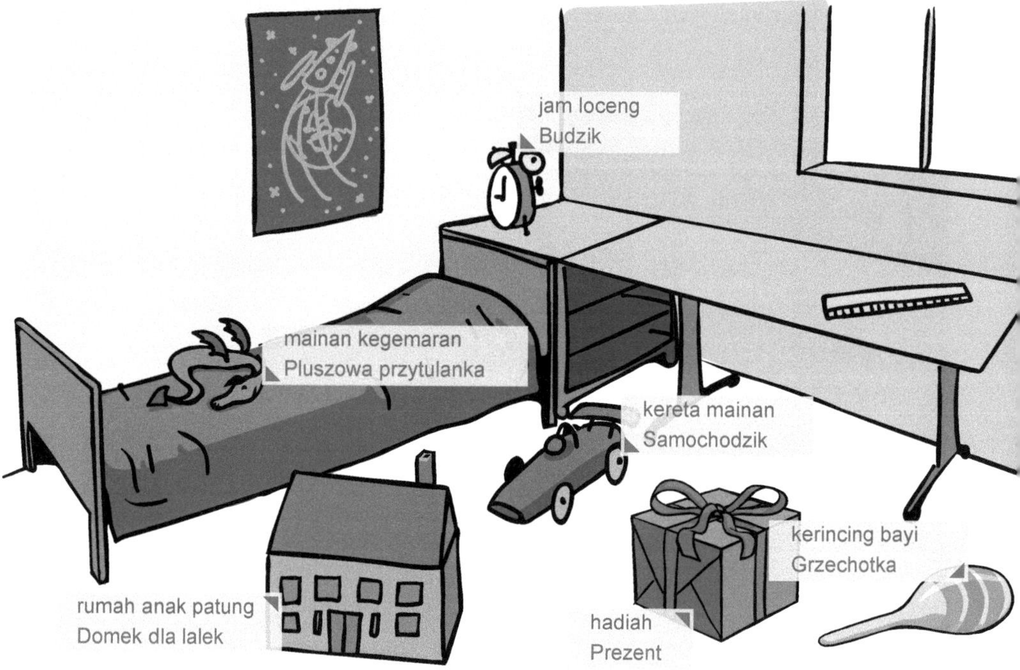
jam loceng
Budzik
mainan kegemaran
Pluszowa przytulanka
kereta mainan
Samochodzik
kerincing bayi
Grzechotka
rumah anak patung
Domek dla lalek
hadiah
Prezent

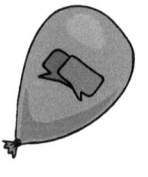

belon
Balon

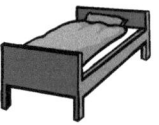

katil
Łóżko

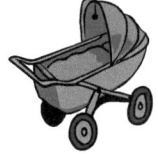

kereta sorong bayi
Wózek dziecięcy

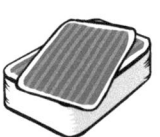

set kad
Gra w karty

susun suai gambar
Puzzle

SUPER MEGA
komik
Komiks

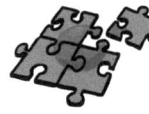

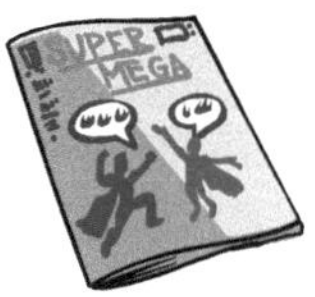

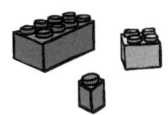

batu bata lego

Klocki lego

blok mainan

Klocki

figura aksi

Action figura

baju bayi

Śpioszek dziecięcy

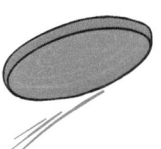

frisbee

Frisbee

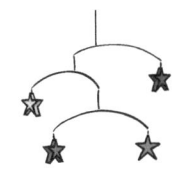

mainan bayi mudah alıh

Zabawki ruchome

permainan papan

Gra planszowa

dadu

Kości

set model kereta api

Kolejka elektryczna

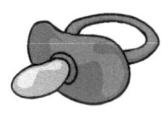

palsu

Smoczek

parti

Przyjęcie

buku bergambar

Książka z ilustracjami

bola

Piłka

anak patung

Lalka

main

bawić się

lubang pasir

Piaskownica

buai

Huśtawka

mainan

Zabawki

konsol permainan video

Konsola do gier

basikal roda tiga

Rowerek trójkołowy

anak patung beruang

Pluszowy miś

almari pakaian

Szafa ubraniowa

pakaian
Ubiór

stoking

Skarpety

stoking

Pończochy

ketat

Rajstopy

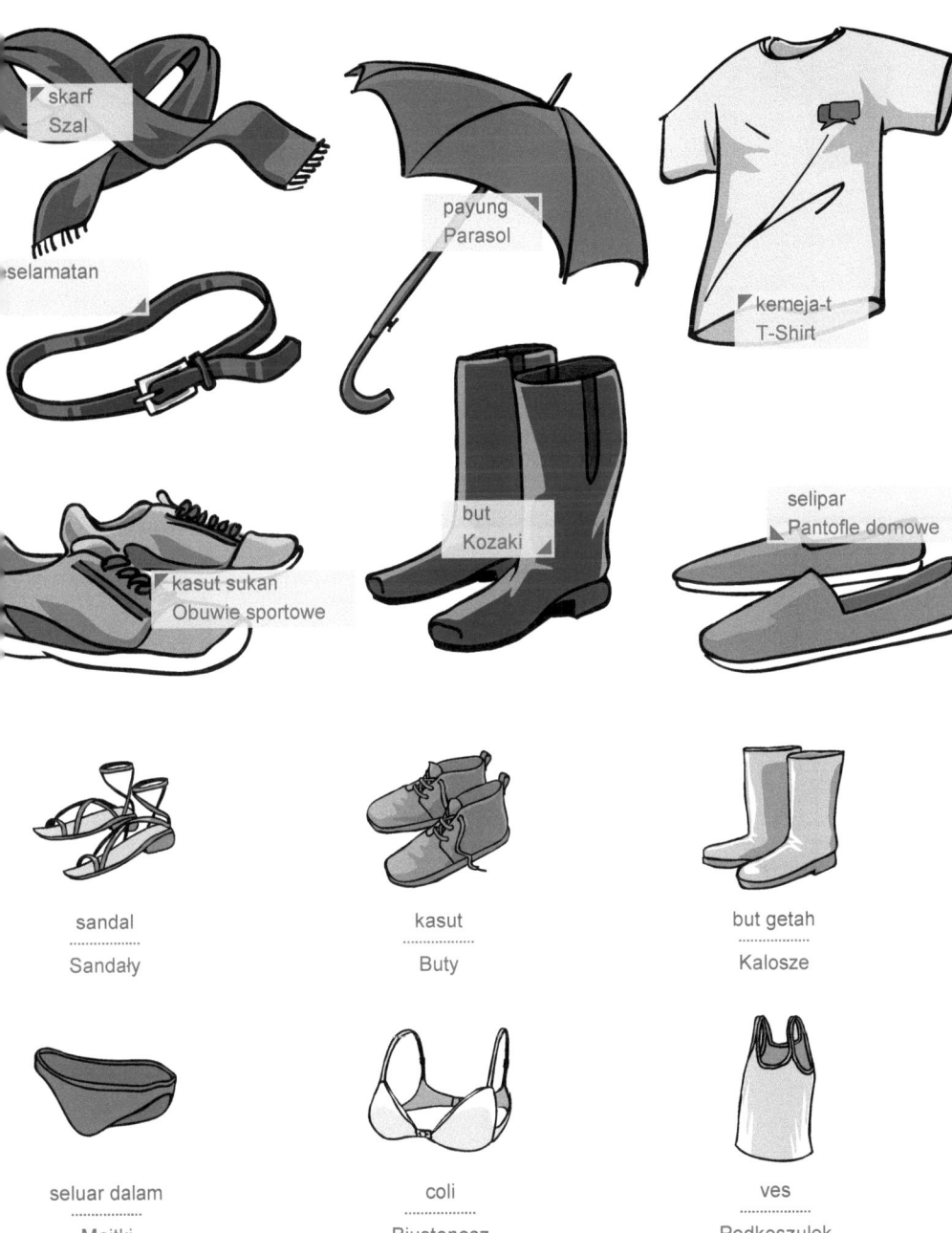

skarf
Szal

selamatan

payung
Parasol

kemeja-t
T-Shirt

kasut sukan
Obuwie sportowe

but
Kozaki

selipar
Pantofle domowe

sandal
Sandały

kasut
Buty

but getah
Kalosze

seluar dalam
Majtki

coli
Biustonosz

ves
Podkoszulek

badan
Body

Seluar panjang
Spodnie

jean
Dżins

skirt
Spódnica

blaus
Bluzka

kemeja
Koszula

baju panas sarung
Pulower

sweater
Bluza sportowa

blazer
Marynarka

jaket
Kurtka

kot
Płaszcz

baju hujan
Płaszcz przeciwdeszczowy

kostum
Kostium

pakaian
Sukienka

baju pengantin
Suknia ślubna

sut

Garnitur męski

baju tidur

Koszula nocna

baju tidur

Piżama

sari

Sari

skarf kepala

Chusta na głowę

serban

Turban

burqa

Burka

kaftan

Kaftan

abaya/jubah

Abaya

baju renang

Strój kąpielowy

seluar renang

Kąpielówki

seluar pendek

Krótkie spodnie

sut balapan

Dres sportowy

apron

Fartuch

sarung tangan

Rękawiczki

butang

Guzik

cermin mata

Okulary

gelang tangan

Bransoletka

rantai leher

Łańcuszek

cincin

Pierścionek

subang

Kolczyk

topi

Czapka

penyangkut kot

Wieszak

topi

Kapelusz

tali leher

Krawat

zip

Zamek błyskawiczny

topi keledar

Kask

pendakap

Szelki

uniform sekolah

Mundurek szkolny

seragam

Mundur

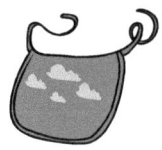

lapik dada
Śliniaczek

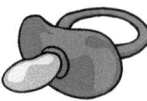

palsu
Smoczek

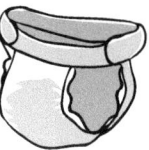

lampin
Pieluszka

pejabat
Biuro

pelayan
Serwer
kabinet fail
Szafa na akta
mesin pencetak
Drukarka
kertas
Papier
monitor
Monitor
tetikus
Mysz
meja
Biurko
folder
Segregator
papan kekunci
Klawiatura
kerusi
Krzesło
bakul sampah
Kosz na odpadki
komputer
Komputer

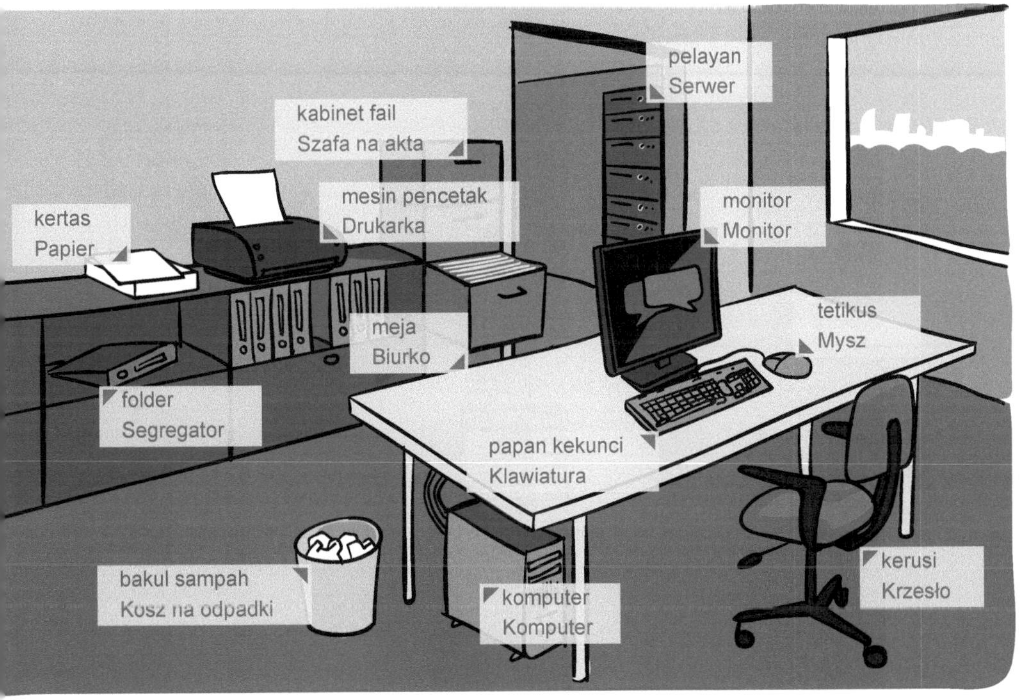

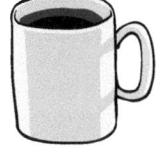

cawan kopi
Filiżanka do kawy

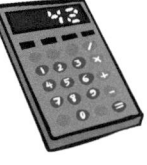

kalkulator
Kalkulator

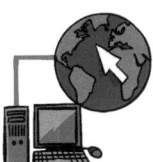

internet
Internet

komputer riba

Laptop

surat

List

mesej

Wiadomość

mudah alih

Komórka

rangkaian

Sieć

mesin fotokopi

Kopiarka

perisian

Oprogramowanie

telefon

Telefon

soket plag

Gniazdko

mesin faks

Faks

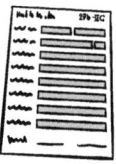

bentuk

Formularz

dokumen

Dokument

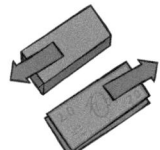

beli

kupić

bayar

płacić

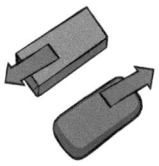

berdagang

postępować

wang

Pieniądze

dolar

Dolar

euro

Euro

yen

Jen

rubel

Rubel

franc swiss

Frank

renminbi yuan

Juan Renminbi

rupee

Rupia

mata tunai

Bankomat

pejabat tukaran mata wang

Kantor wymiany walut

emas

Złoto

perak

Srebro

minyak

Olej

tenaga

Energia

harga

Cena

kontrak

Umowa

cukai

Podatek

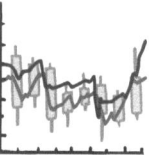

stok

Akcja

kerja

pracować

pekerja

Pracownik umysłowy

majikan

Pracodawca

kilang

Fabryka

kedai

Sklep

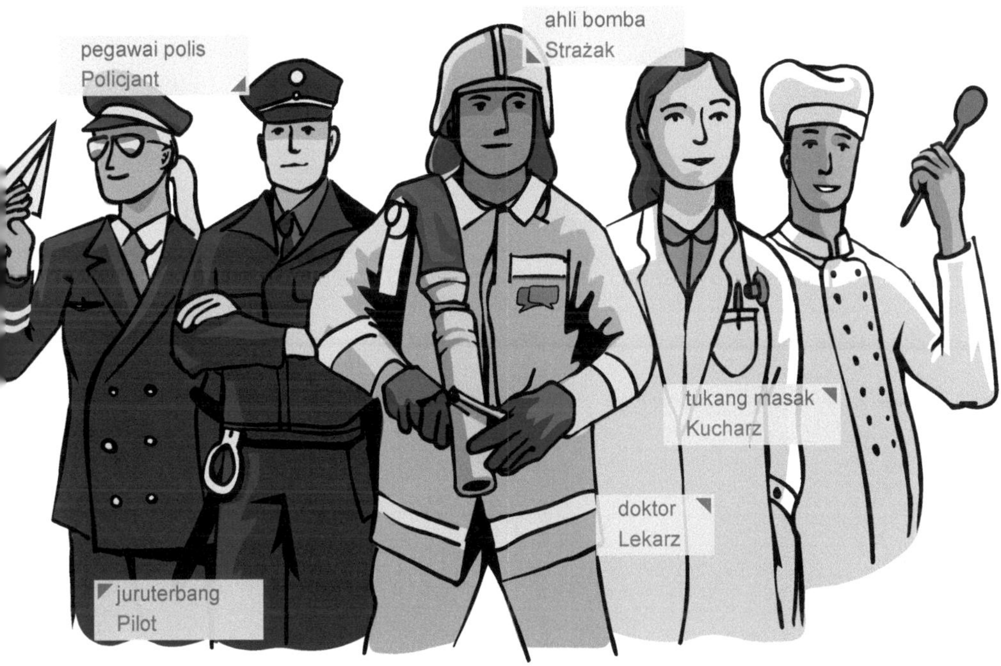

pegawai polis
Policjant

ahli bomba
Strażak

tukang masak
Kucharz

doktor
Lekarz

juruterbang
Pilot

tukang kebun
Ogrodnik

tukang kayu
Stolarz

tukang jahit
Krawcowa

hakim
Sędzia

ahli kimia
Chemik

pelakon
Aktor

pemandu bas

Kierowca autobusu

pemandu teksi

Taksówkarz

nelayan

Fischer

wanita pencuci

Sprzątaczka

kasau

Dekarz

pelayan

Kelner

pemburu

Myśliwy

pelukis

Malarz

bakeri

Piekarz

juruelektrik

Elektryk

pembangun

Robotnik budowlany

jurutera

Inżynier

penjual daging

Rzeźnik

tukang paip

Instalator

posmen

Listonosz

askar

Żołnierz

arkitek

Architekt

juruwang

Kasjer

kedai bunga

Florysta

pendandan rambut

Fryzjer

konduktor

Konduktor

mekanik

Mechanik

kapten

Kapitan

doktor gigi

Dentysta

ahli sains

Naukowiec

tuhanku

Rabin

imam

Imam

sami

Mnich

paderi

Proboszcz

alat
Narzędzia

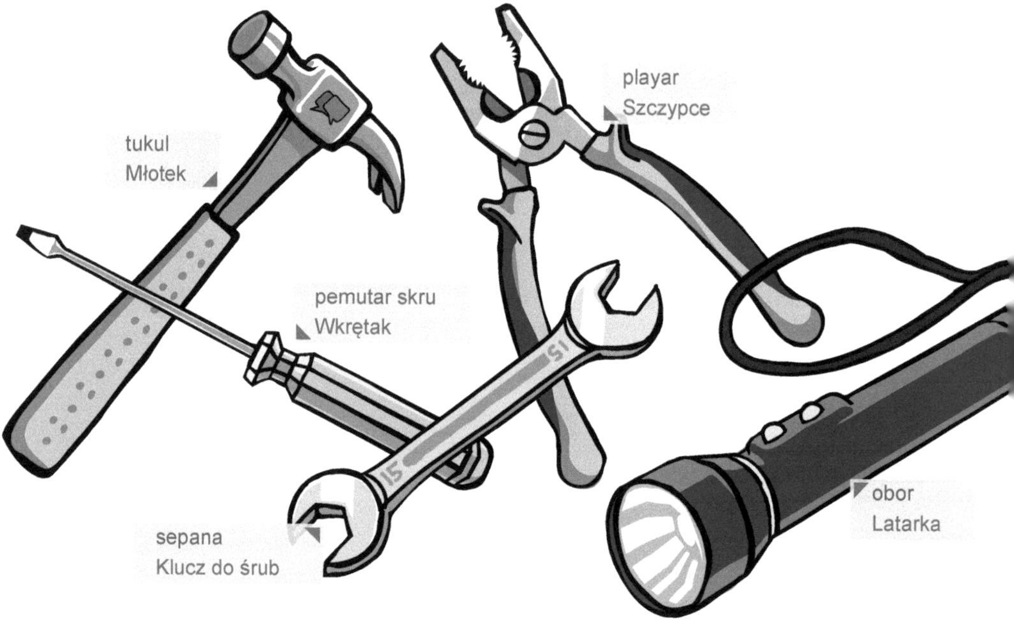
tukul
Młotek
playar
Szczypce
pemutar skru
Wkrętak
sepana
Klucz do śrub
obor
Latarka

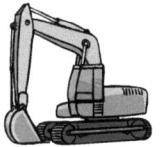

pengorek

Koparka

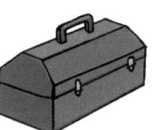

kotak peralatan

Skrzynka narzędziowa

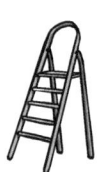

tangga

Drabina

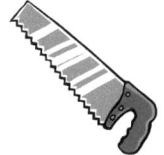

gergaji

Piła

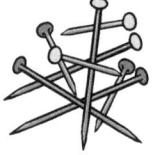

kuku

Gwoździe

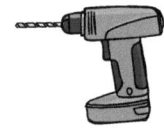

gerudi

Wiertło

baiki
naprawić

penyodok
Łopatka

Celaka!
Cholera!

penadah sampah
Szufelka

periuk cat
Puszka z farbą

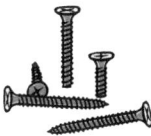

skru
Śruby

alat muzik
Instrumenty muzyczne

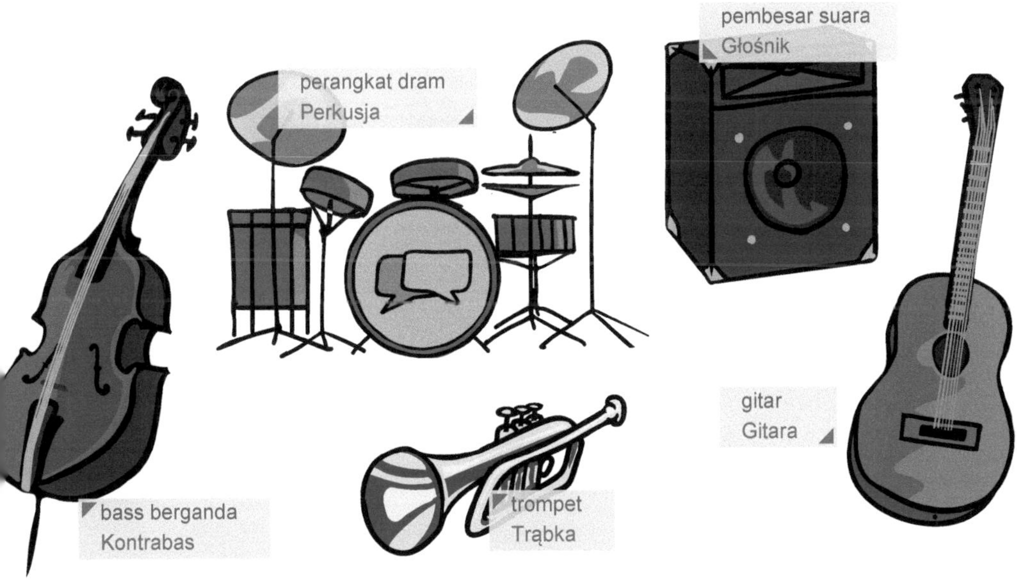

perangkat dram
Perkusja

pembesar suara
Głośnik

gitar
Gitara

bass berganda
Kontrabas

trompet
Trąbka

piano
Pianino

biola
Skrzypce

bass
Bas

timpani
Kotły

dram
Bęben

papan kekunci
Keyboard

saksofon
Saksofon

seruling
Flet

mikrofon
Mikrofon

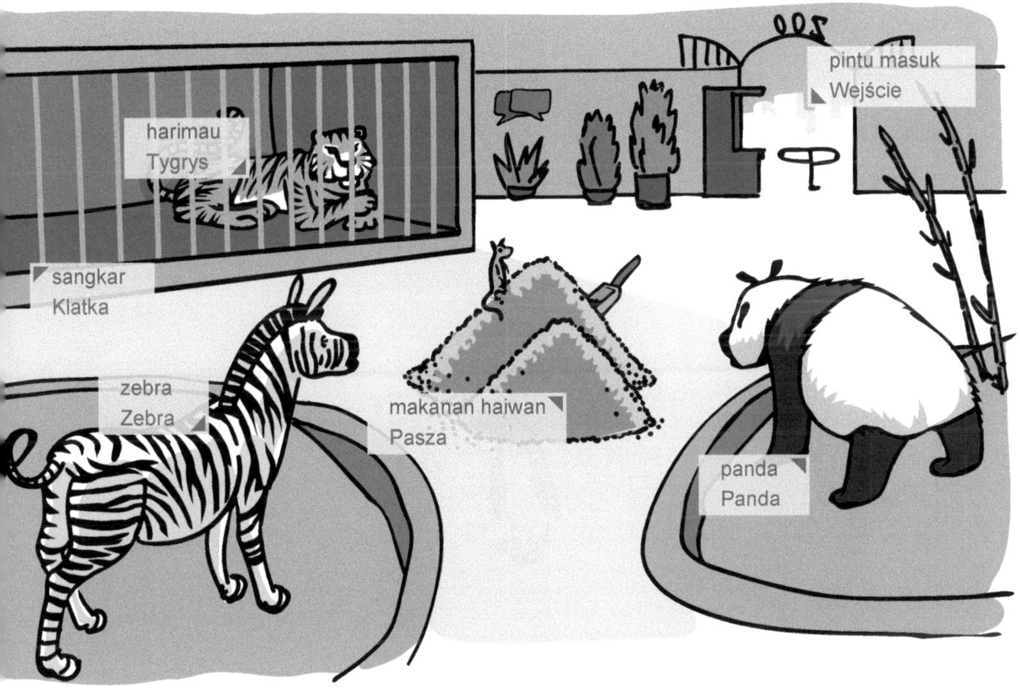

pintu masuk
Wejście

harimau
Tygrys

sangkar
Klatka

zebra
Zebra

makanan haiwan
Pasza

panda
Panda

haiwan

Zwierzęta

gajah

Słoń

kanggaru

Kangur

badak sumbu

Nosorożec

gorila

Goryl

beruang

Niedźwiedź

unta

Wielbłąd

burung unta

Struś

singa

Lew

monyet

Małpa

flamingo

Fleming

nuri

Papuga

beruang kutub

Niedźwiedź polarny

penguin

Pingwin

yu

Rekin

merak

Paw

ular

Wąż

buaya

Krokodyl

penjaga zoo

Dozorca w zoo

anjing laut

Foka

jaguar

Jaguar

kuda

Kucyk

harimau

Gepard

badak air

Hipopotam

zirafah

Żyrafa

helang

Orzeł

babi jantan

Dzik

ikan

Ryba

penyu

Żółw

anjing laut

Mors

musang

Lis

rusa

Gazela

zoo - Zoo

bola sepak Amerika
Futbol amerykański

berbasikal
Kolarstwo

tenis
Tenis

bola keranjang
Koszykówka

renang
Pływanie

hoki ais
Hokej na lodzie

tinju
Boks

bola sepak

Piłka nożna

badminton

Badminton

olahraga

Lekka atletyka

bola baling

Piłka ręczna

ski

Narciarstwo

polo

Polo

aktiviti
Działania

ketawa
śmiać się
lompat
skakać
peluk
objąć
berjalan
iść
menyanyi
śpiewać
mimpi
marzyć
berdoa
modlić się
cium
całować

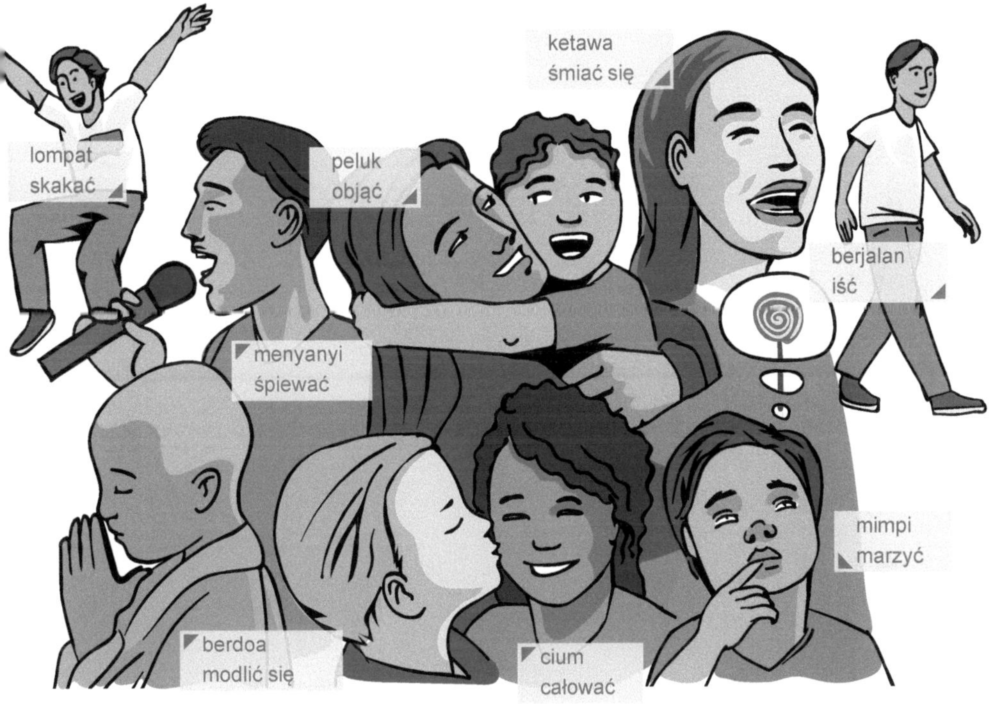

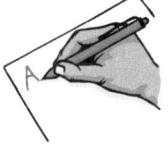

tulis

pisać

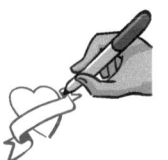

lukis

rysować

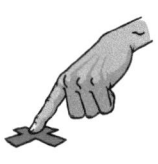

tunjuk

pokazywać

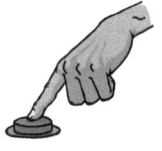

tolak

nacisnąć

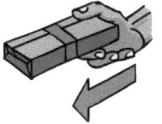

beri

dać

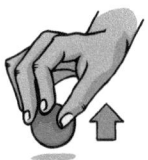

ambil

wziąć

ada
....
mieć

buat
....
robić

ialah
....
być

berdiri
....
stać

lari
....
biegać

tarik
....
ciągnąć

buang
....
rzucać

jatuh
....
spaść

tipu
....
leżeć

tunggu
....
czekać

bawa
....
nosić

duduk
....
siedzieć

pakai
....
zakładać

tidur
....
spać

bangkit
....
budzić się

lihat pada

spojrzeć

menangis

płakać

strok

głaskać

sikat

czesać się

cakap

mówić

faham

rozumieć

tanya

pytać

dengar

słyszeć

minum

pić

makan

jeść

mengemas

sprzątać

sayang

kochać

masak

gotować

pandu

jechać

terbang

latać

belayar

żeglować

kira

liczyć

baca

czytać

belajar

uczyć się

kerja

pracować

nikah

wejść w związek małżeński

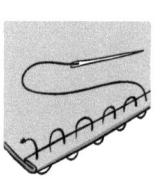

jahit

szyć

memberus gigi

myć zęby

bunuh

zabić

asap

palić tytoń

hantar

wysłać

keluarga
Rodzina

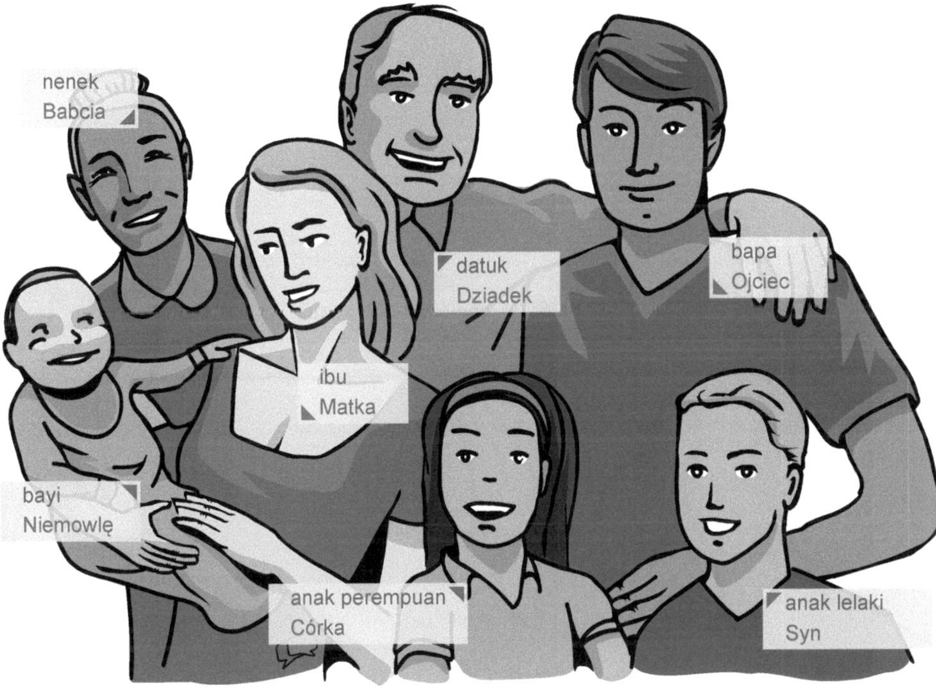

nenek
Babcia
datuk
Dziadek
bapa
Ojciec
ibu
Matka
bayi
Niemowlę
anak perempuan
Córka
anak lelaki
Syn

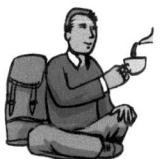

tetamu

Gość

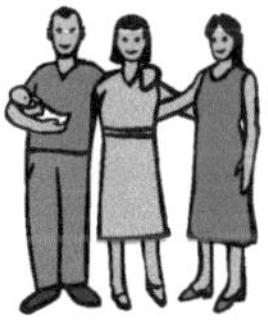

mak cik

Ciotka

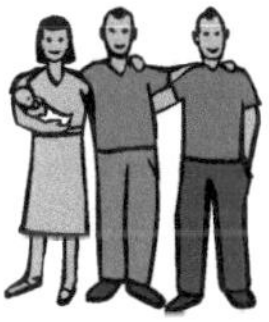

pak cik

Wujek

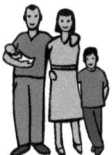

abang

Brat

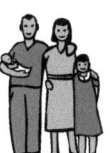

kakak

Siostra

badan
Ciało

dahi
Czoło
mata
Oko
bahu
Ramię
jari
Palec
muka
Twarz
dagu
Broda
tangan
Ręka
kaki
Noga
dada
Pierś
lengan
Ramię

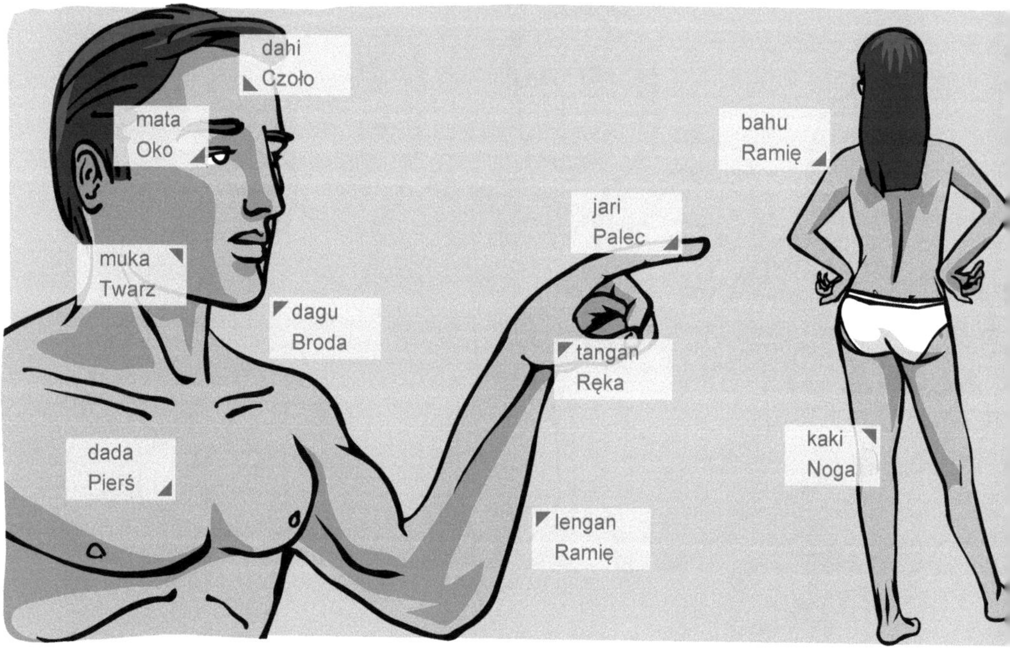

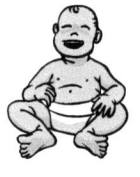

bayi

Niemowlę

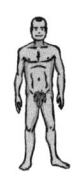

lelaki

Mężczyzna

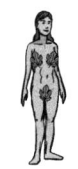

wanita

Kobieta

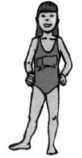

perempuan

Dziewczyna

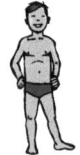

lelaki

Chłopiec

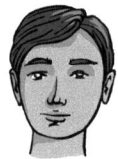

kepala

Głowa

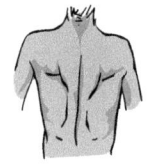

belakang
Plecy

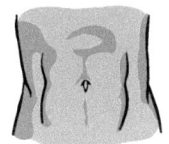

bawah perut
Brzuch

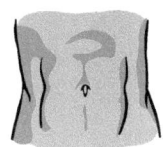

pusat
Pępek

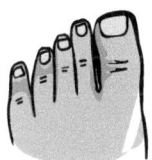

jari kaki
palec nogi

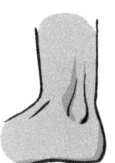

tumit
Pięta

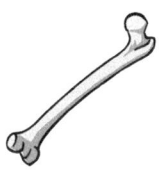

tulang
Kość

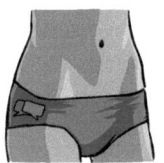

pinggul
Biodro

lutut
Kolano

siku
Łokieć

hldung
Nos

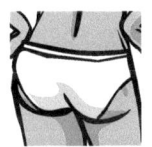

bawah
Pośladki

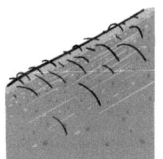

kulit
Skóra

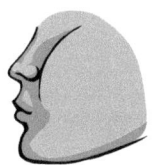

pipi
Policzek

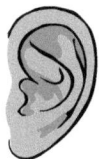

telinga
Uszy

bibir
Warga

mulut

Usta

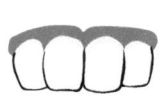

gigi

Ząb

lidah

Język

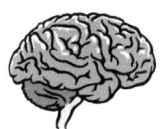

otak

Mózg

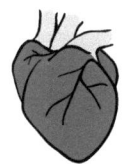

hati

Serce

otot

Mięsień

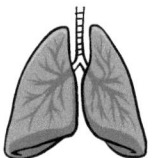

paru-paru

Płuca

hati

Wątroba

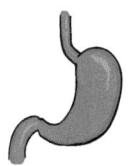

perut

Żołądek

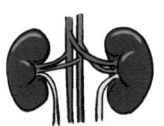

buah pinggang

Nerki

seks

Stosunek płciowy

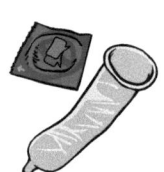

kondom

Kondom

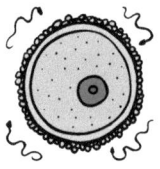

faraj

Komórka jajowa

mani

Sperma

mengandung

Ciąża

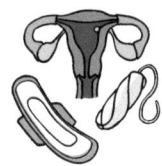

haid
Menstruacja

faraj
Wagina

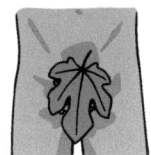

penis
Penis

kening
Brew

rambut
Włosy

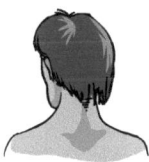

leher
Szyja

hospital
Szpital

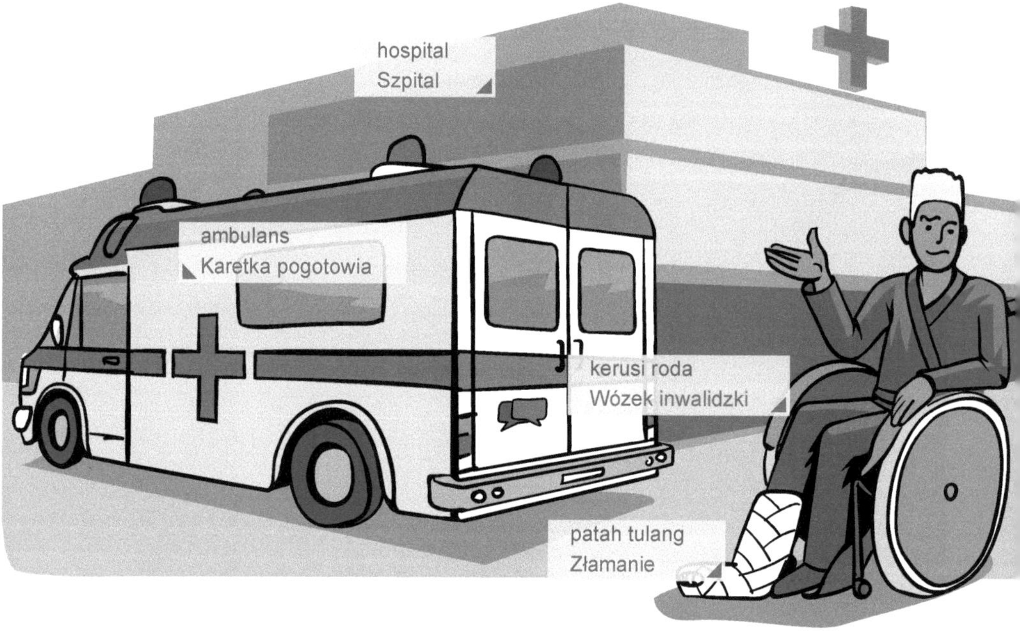

hospital
Szpital
ambulans
Karetka pogotowia
kerusi roda
Wózek inwalidzki
patah tulang
Złamanie

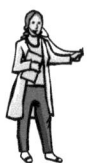

doktor

Lekarz

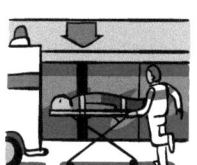

bilik kecemasan

Izba przyjęć

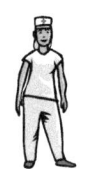

jururawat

Pielęgniarka

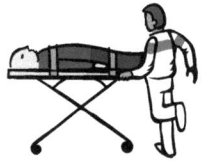

kecemasan

Nagły przypadek

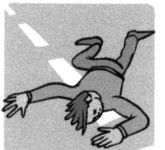

tak sedar

nieprzytomny

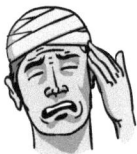

sakit

Ból

kecederaan

Skaleczenie

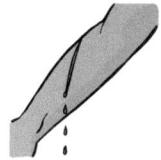

pendarahan

Krwawienie

serangan jantung

Zawał serca

strok

Udar mózgu

alergi

Alergia

batuk

Kaszleć

demam

Gorączka

selesema

Grypa

cirit-birit

Biegunka

sakit kepala

Ból głowy

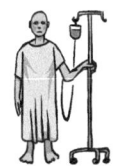

kanser

Rak

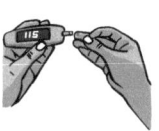

diabetes

Cukrzyca

pakar bedah

Chirurg

pisau bedah

Skalpel

pembedahan

Operacja

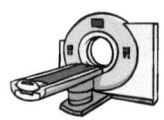

CT
CT

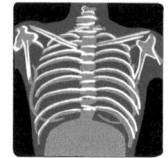

x-ray
Rentgen

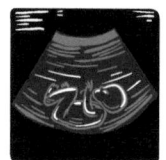

ultrabunyi
Ultradźwięki

topeng muka
Maska

penyakit
Choroba

bilik menunggu
Poczekalnia

penongkat
Kula

plaster
Plaster

pembalut
Opatrunek

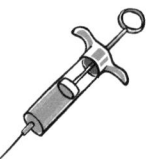

suntikan
Iniekcja

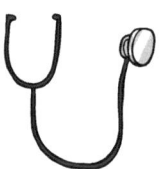

stetoskop
Stetoskop

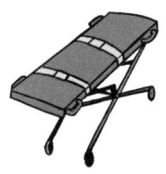

pengusung
Nosze

termometer klinik
Termometr

kelahiran
Poród

berat badan berlebihan
Nadwaga

alat pendengaran

Aparat słuchowy

disinfektan

Środek dezynfekcyjny

jangkitan

Infekcja

virus

Wirus

HIV / AIDS

HIV / AIDS

perubatan

Medycyna

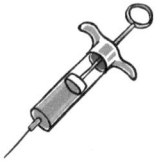

vaksinasi

Szczepienie

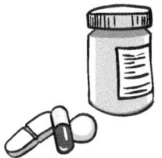

tablet

Tabletki

pil

Pigułka

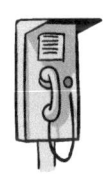

panggilan kecemasan

Telefon ratunkowy

pantau tekanan darah

Ciśnieniomierz krwi

sakit / sihat

chory / zdrowy

Tolong!

Pomocy!

penggera

Alarm

serang

Napad

serangan

Atak

bahaya

Niebezpieczeństwo

pintu kecemasan

Wyjście awaryjne

Api!

Pożar!

alat pemadam api

Gaśnica

kemalangan

Wypadek

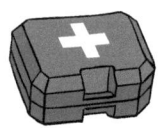

alat pertolongan cemas

Walizeczka pierwszej
pomocy

SOS

SOS

polis

Policja

Eropah

Europa

Amerika Utara

Ameryka Północna

Amerika Selatan

Ameryka Południowa

Afrika

Afryka

Asia

Azja

Australia

Australia

Atlantic

Atlantyk

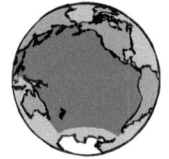

Pasifik

Pacyfik

Lautan Hindi

Ocean Indyjski

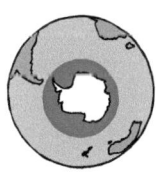

Lautan Antartik

Ocean Antarktyczny

Lautan Artik

Ocean Arktyczny

Kutub utara

Biegun północny

Kutub Selatan

Biegun południowy

Antartika

Antarktyda

bumi

Ziemia

tanah

Kraj

laut

Morze

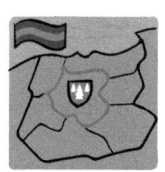

pulau

Wyspa

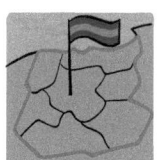

negara

Naród

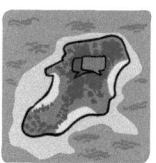

negeri

Państwo

muka jam
Cyferblat

tangan jam
Wskazówka godzinowa

tangan minit
Wskazówka minutowa

terpakai
Wskazówka sekundowa

Jam berapa sekarang
Która godzina?

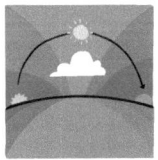

hari
Dzień

masa
Czas

sekarang
teraz

jam digital
Zegarek digitalny

minit
Minuta

jam
Godzina

Isnin
Poniedziałek

MO

W Rabu
Środa

FR Jumaat
Piątek

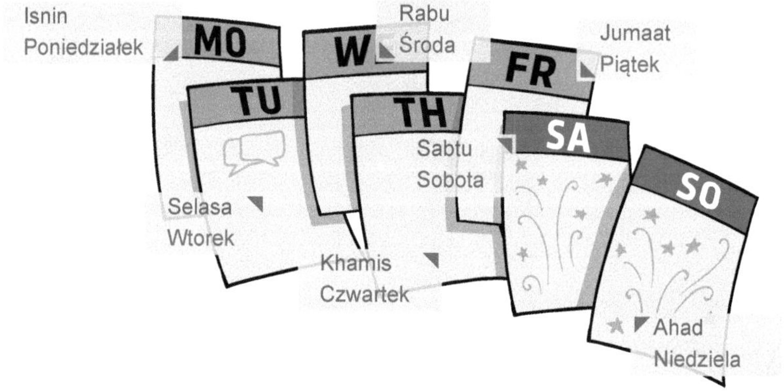

TU

TH

Sabtu
Sobota

SA

Selasa
Wtorek

SO

Khamis
Czwartek

Ahad
Niedziela

semalam	hari ini	esok
wczoraj	dzisiaj	jutro

pagi	tengah hari	petang
Rano	Południe	Wieczór

MO	TU	WE	TH	FR	SA	SU
1	2	3	4	5	6	7
8	9	10	11	12	13	14
15	16	17	18	19	20	21
22	23	24	25	26	27	28
29	30	31	1	2	3	4

MO	TU	WE	TH	FR	SA	SU
1	2	3	4	5	6	7
8	9	10	11	12	13	14
15	16	17	18	19	20	21
22	23	24	25	26	27	28
29	30	31	1	2	3	4

hari kerja

Dni robocze

hari minggu

Weekend

tahun
Rok

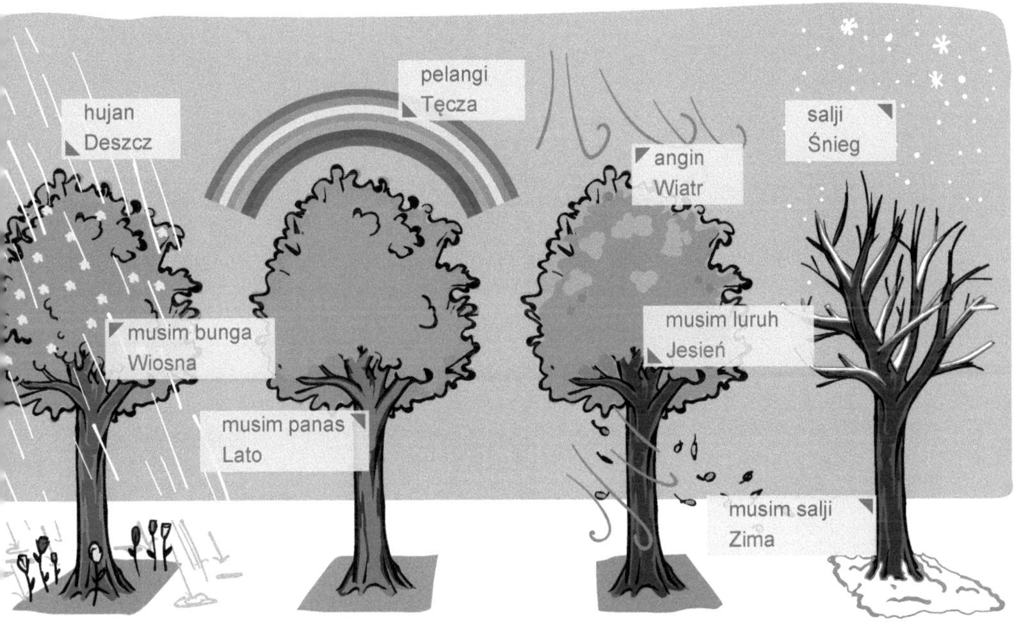
hujan
Deszcz
pelangi
Tęcza
angin
Wiatr
salji
Śnieg
musim bunga
Wiosna
musim luruh
Jesień
musim panas
Lato
musim salji
Zima

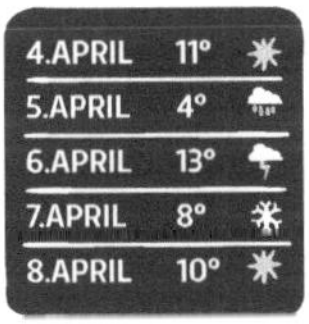
4.APRIL 11°
5.APRIL 4°
6.APRIL 13°
7.APRIL 8°
8.APRIL 10°

ramalan cuaca

Prognoza pogody

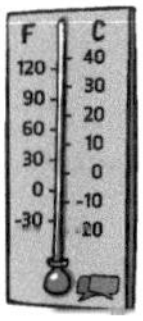
F C
120 40
90 30
60 20
30 10
0 0
-30 -10
-20

termometer

Termometr

sinar matahari

Światło słoneczne

awan

Chmura

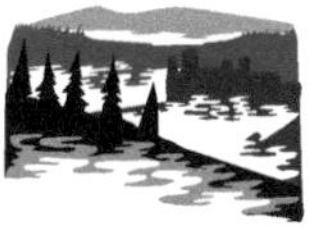

kabus

Mgła

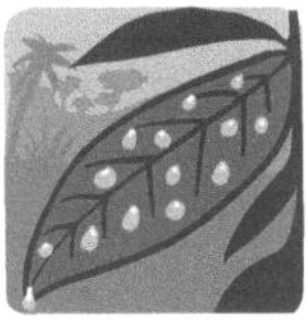

lembapan

Wilgotność powietrza

kilat
....
Błyskawica

petir
....
Grzmot

ribut
....
Sztorm

hujan batu
....
Grad

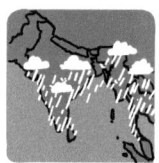

monsun
....
Monsun

banjir
....
Potop

ais
....
Lód

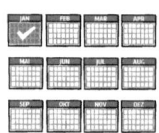

Januari
....
Styczeń

Februari
....
Luty

Mac
....
Marzec

April
....
Kwiecień

Mei
....
Maj

Jun
....
Czerwiec

Julai
....
Lipiec

Ogos
....
Sierpień

tahun - Rok

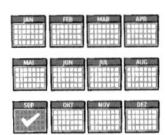

September
....
Wrzesień

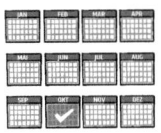

Oktober
....
Październik

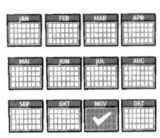

November
....
Listopad

Disember
....
Grudzień

bulatan
....
Koło

petak
....
Kwadrat

segi empat tepat
....
Prostokąt

segitiga
....
Trójkąt

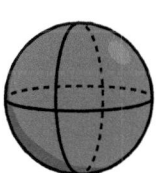

sfera
....
Kula

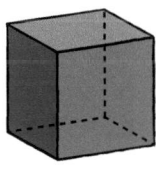

kiub
....
Sześcian

putih

biały

kuning

żółty

oren

pomarańczowy

merah jambu

różowy

merah

czerwony

ungu

liliowy

biru

niebieski

hijau

zielony

coklat

brązowy

kelabu

szary

hitam

czarny

banyak / sedikit

dużo / mało

marah / tenang

wściekły / spokojny

cantik / hodoh

piękny / brzydki

bermula / tamat

początek / koniec

besar kecil

duży / mały

terang / gelap

jasny / ciemny

abang / kakak

brat / siostra

bersih / kotor

czysty / brudny

lengkap / tidak lengkap

kompletny / niekompletny

hari / malam

dzień / noc

mati / hidup

umarły / żywy

luas / sempit

szeroki / wąski

boleh dimakan / tidak boleh dimakan
....
jadalny / niejadalny

jahat / baik
....
zły / uprzejmy

teruja / bosan
....
podniecony / znudzony

gemuk / kurus
....
gruby / chudy

pertama / terakhir
....
najpierw / na końcu

kawan / musuh
....
przyjaciel / wróg

penuh / kosong
....
pełen / pusty

keras / lembut
....
twardy / miękki

berat / ringan
....
ciężki / lekki

lapar / dahaga
....
głód / pragnienie

sakit / sihat
....
chory / zdrowy

menyalahi undang-undang / undang-undang
....
nielegalny / legalny

pintar / bodoh
....
inteligentny / głupi

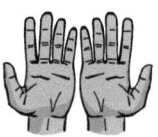

kiri / kanan
....
lewo / prawo

dekat / jauh
....
bliski / daleki

baru / lama

nowy / używany

tiada / sesuatu

nic / coś

tua / muda

stary / młody

hidup / mati

włącz / wyłącz

terbuka / tertutup

otwarty / zamknięty

diam / bising

cichy / głośny

kaya / miskin

bogaty / biedny

betul / salah

prawidłowy / błędny

kasar / halus

chropowaty / gładki

sedih / gembira

smutny / szczęśliwy

pendek / panjang

krótki / długi

lambat / laju

powolny / szybki

basah / kering

mokry/suchy

panas / sejuk

ciepły / chłodny

berperang / berdamai

wojna / pokój

0

sifar
....
zero

1

satu
....
jeden

2

dua
....
dwa

3

tiga
....
trzy

4

empat
....
cztery

5

lima
....
pięć

6

enam
....
sześć

7

tujuh
....
siedem

8

lapan
....
osiem

9

sembilan
....
dziewięć

10

sepuluh
....
dziesięć

11

sebelas
....
jedenaście

12

dua belas
....
dwanaście

13

tiga belas
....
trzynaście

14

empat belas
....
czternaście

15

lima belas
....
piętnaście

16

enam belas
....
szesnaście

17

tujuh belas
....
siedemnaście

18

lapan belas
....
osiemnaście

19

Sembilan belas
....
dziewiętnaście

20

dua puluh
....
dwadzieścia

100

ratus
....
sto

1.000

ribu
....
tysiąc

1.000.000

juta
....
milion

Bahasa Inggeris

Angielski

Bahasa Inggeris Amerika

Angielski amerykański

Bahasa Cina Mandarin

Chiński mandaryński

Bahasa Hindi

Hindi

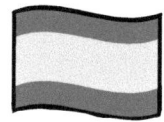

Bahasa Sepanyol

Hiszpański

Bahasa Perancis

Francuski

Bahasa Arab

Arabski

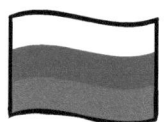

Bahasa Rusia

Rosyjski

Bahasa Portugis

Portugalski

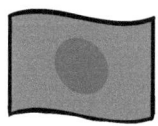

Bahasa Benggali

Bengalski

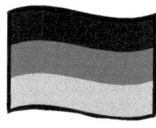

Bahasa Jerman

Niemiecki

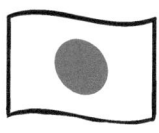

Bahasa Jepun

Japoński

saya

ja

anda

ty

dia / dia / ia

on / ona / ono

kita

my

anda

wy

mereka

oni

siapa?

kto?

apa?

co?

bagaimana?

jak?

di mana?

gdzie?

bila?

kiedy?

nama

Nazwisko

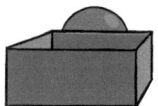

belakang

za

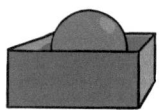

dalam

w

di hadapan

przed

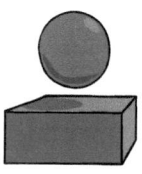

lebih

powyżej

pada

na

di bawah

pod

bersebelahan

obok

antara

między

tempat

Miejsce